LA REDVCTION

DE LA VILLE DE

MONTAVBAN

A L'OBEISSANCE DV ROY.

Auec les articles accordez aux habitans de par sa Majesté par Monsieur le Mareschal de Themines.

A PARIS,

Par Fleury Bourriquant, au bout du Pont S. Michel,
en l'Vniuersité, aux Fleurs Royales,

E T

En sa boutique en l'Isle du Palais, vis-à-vis des
Augustins, à semblable enseigne.

Auec Permission.

1622

AV ROY,

SONNET.

SIRE, en fin vos labeurs, vos trauaux, & vos
    armes
Ont reduit, ont dompté, & mis bas iuſtement
Les villes & les cœurs qui orgueilleuſement
Contre vous recerchoient de Bellonne les charmes.

Ouy, SIRE, vos labeurs, & vos iuſtes alarmes,
Conduites par tous lieux d'vn docte inuement,
Vous ont fait remarquer en ce bas élement,
Pour aller à l'eſgal du Maiſtre des gens d'armes.

Auſſi les tourbillons eſleuez contre vous,
A l'eſtre d'vn inſtant ſe ſont rendus ſi doux,
Que voſtre Majeſté (encline à la Clemence)

Leur a voulu monſtrer, comme vn pere diſcret,
Que donner le pardon, n'eſt pas plus bel effect,
Qu'au ſimple à ſe tenir dedans l'obeïſſance.

La Reduction de la ville de Montauban à l'obeïssance du Roy.

ONTAVBAN, ville conſtruicte ſur la croupe d'vne colline, ſur le panchement de laquelle a eſté baſty vn Pont de grande eſtenduë, à cauſe de la riuiere du Tar qui paſſe deſſoubs, n'eſtoit du temps du Pape Iean XXII. natif de Cahors en Quercy, qu'vn petit Chaſteau de peu de conſequence, lequel neantmoins, en faueur de ceſte naiſſance, fut érigé en Eueſché, & du depuis par ſucceſſió de temps & d'années conuerty en vne ville, telle que la trop grande clemence de nos Roys a tolleré.

Sa ſcituation eſt trés commode, eſtant ſur le grand chemin de Thou-

louze à Limoges, & à Paris: & en con-
fideration de ce que la riuiere eft du
tout neceffaire pour les marchands :
Auffi cefte place ayant reffemblé aux
pepinieres , qui ombragent & fru-
ctifient par laps de temps ; de mefme elle s'eft amplifiée, accreuë, & for-
tifiée, non feulement au preiudice des
villes & citez circonuoifines, mais au
détriment de l'Eftat Monarchique,
qui n'a fceu ny peu dompter les habitans, pour s'eftre rendus par trop forts
& par trop aguerris.

Soubs le regne de Charles VII. elle fouffrit vn fiege affez rude & vio-
lent, & l'opiniaftre rebellion des habitans d'icelle prouoquerent de telle for-
te le courroux de ce braue Roy, que
n'euft efté Eftienne de Vignoles, &
Poton de Xaintailles , Capitaine des
Gafcons, qui demeurerent fur la place
en vne efcarmouche qui fe fit, (ce qui

refroidit les plus courageux soldats)
elle euſt eſté demantelée.

Telle reſiſtance a touſiours veſcu
dans les ames de ces habitans , ayant
eſté continuellemét nourris dans vne
Religion pleine de méfiance, & neantmoins ladite ville fut défermée de ſes
murailles par les Catholiques, lors que
le Roy Charles IX. fit le voyage de
Bayonne, & peu de temps apres, elle en
fut reueſtuë par les meſmes factionnaires de la Religion preteuduë reformée: Elle a ſouffert d'eſtre aſſiegée par
trois fois; à quoy elle a touſiours reſi-
ſté, & neantmoins euſt ſeruy de tro-
phée à la valeur du Mareſchal de Mót-
luc, ſans d'autres nouuelles affaires qui
ſuruindrent en France, qui occaſion-
nerent de leuer le ſiege.

Le 20. du mois d'Aouſt de l'année
1621 le Roy qui auoit entrepris de ſub-
juguer tout les rebelles de ſon Royau-

A   iij

me, apres auoir reduict la ville de S. Iean d'Angely en son obeïssance, puny Clerac de son opiniastreté, (non auec telle rigueur qu'estoit le demerite de sa faute) & voyant que les habitans de Montauban s'asseuroient fort sur l'assiete de leur ville, & sur les fortificatiõs qu'ils auoient faites depuis la publication de l'Edict de Nantes, il y planta le siege en personne, assisté des plus braues & courageux Princes & Seigneurs de la Cour, & pour la forcer, y fit dresser force batteries, où pendant deux mois, chacun qui auoit l'honneur de commander en l'armée, faisoit à qui mieux mieux au faict de la milice.

Deffunct Monsieur le Duc de Mayenne trouua les moyens de descouurir les astuces plus malicieuses des assiegez, & porté d'vn courage tout fidelle au seruice de son Roy, ayant eu aduis qu'ils auoient fait vne demie lune, fort preiudiciable à ſa Majeſté, il ſe tranſporta au Camp luy troiſieſme, pour voir l'entrepriſe, où eſtāt deſcouuert par ces malheureux rebelles, il fut tiré d'vne mouſquetade, laquelle l'ayāt frappé à l'œil, le fit choir mort ſur la place, ou peu s'en fallut, au commun regret & meſcontentement de toute l'armée.

Ce malheur arriué, & ſceu du Roy, ſa Majeſté en ietta des larmes, & proteſta ſur le champ de s'en vanger; à quoy tous ceux qui portoient les armes pour ſon ſeruice ſe roidirent auec tant de zele & tant d'affection, qu'en moins d'vn mois il ſe fit breſche, quoy que leſdits aſſiegez monſtraſſent ſouuent qu'ils eſtoient grandement exercez au faict de la guerre, & combien que d'autres factionnaires leur enuoyaſſent du ſecours : Tellement que la reſolution eſtant priſe de les forcer, les batteries furent renforcées; Monfieur le Ducʹ de Chevreufe s'y rendit tres-vigilant, Monfieur de Baffompierre fauua le couppegorge des gens du Roy; bref, en indignation de la perte d'vn fi grãd Capitaine, les effects Martiaux furent fi fanglans fur cefte nation opiniaftre & rebelle, qu'elle ne faifoit iamais fortie, qu'il n'en demeura vn bon nombre fur la place.

Ainfi les habitans de Montauban ont efté affiegez & preffez l'an paffé par la valeur de noftre inuincible Lovis XIII. luy prefent, au milieu du grondement des canonades, à la tefte des hazards & des perils de la milice; & ce mefme an euffent efté forcez par la Iuftice de fes armes, fans l'iniure de la faifon de l'Hyuer qui approchoit, fort contraire à ceux qui tiennent la campagne, à caufe du pays, qui eft vn peu marefcageux; de maniere qu'à cefte

occa-

occaſion, ſa Majeſté (qui iugea que les
ſoldats ne pouuoient pour la rigueur
d'vne telle ſaiſon ſouffrir d'auantage la
fatigue) fit leuer le ſiege de deuant ladite ville de Montauban, & de là s'en
alla paſſer par Monheur, où elle trouua
les portes de la ville cloſes à ſes commã-
demens, & les cœurs des habitans ſoû-
leuez contre l'obeïſſance.

Ie ne m'arreſteray point ſur le ſac
qui en fut fait, ie me retiendray dans les
bornes ſeules de noſtre diſcours, & de
noſtre relation de la ville de Montauban, laquelle encores qu'elle euſt ſem-
blé par ſa force faire leuer le ſiege, neãr-
moins elle ne laiſſa d'eſtre inueſtie par
quatre ou cinq mil hommes, tant de
pied que de cheual, commandez par
Monſieur le Duc de Vendoſme, la vi-
gilance & le courage deſquels a touſiours apporté tant de nuiſance à ceux
de dedans, que depuis ce temps à peine

B

ont-ils peu recouurer aucuns viures
pour se renuitailler, ou du moins s'ils
ont esté à quelque picorée, ç'a esté tellement à leurs despens, que plusieurs
d'entr'eux y ont laissé les bottes & les
estriers.

Ceste opiniastre rebellion a voulu
durer pendant vn long temps, estimãt
que les armes du Roy se lasseroient tãt
contre eux que contre leurs confreres
& associez : Mais enfin ayant preueu
que les Grands recherchoient la seure-
té de leurs biens, de leur honneur, & de
leur vie, dans la clemence, & dans la mi-
sericorde du Roy, ayant veu Monsieur
de Rohan soubmis à ce que son deuoir
le tenoit obligé, veu Montpellier fles-
chir aux pieds de sa Majesté, Nismes,
Castres, Vzés, & le reste du Languedoc,
elle a voulu marcher d'vn mesme bral̃e,
aux charges & conditions telles, que le
Roy leur auoit fait assauoir ; si bien

que par le traicté qui s'est fait pour ce
subject, sadite Majesté plus portée cét
fois dans ses inclinations naturelles, que
dans les iustes ressentimés qu'elle pou-
uoit auoir d'vne orgueilleuse rebellion
de ses subjects, tous ceux de la Religion
pretenduë reformée, qui ont porté les
armes contre son seruice, & qui ont tenu bon dans les Villes & Chasteaux de
ce Royaume, au preiudice de la souue-
raineté Monarchique, & sans d'autre
authorité que de leur propre mouue-
ment, ont obtenu generalement le
pardon de la faute commise, & par ainsi ont esté remis en la protection &
sauuegarde du Roy, & soubs la faueur
du benefice des Edicts pour le faict de
leurs consciences, auquel traicté sadite
Majesté a tousiours voulu & desiré
que les habitans de Montauban & de
la Rochelle fussent comprins, pourueu
que dans le temps stipulé, & contenu

B ij

par les articles, ils se missent en leur deuoir, & rendissent pareille obeïssance
que les autres : A quoy ceux de Montauban, qui se voyoient d'autrepart
oppressez par la necessité des viures, &
despourueuz de chef & de conduite, se
sont volontairement inclinez peu a-
pres la paix publiée en Languedoc &
en Gascongne.

La declaration du Roy fut publiée
à ceste fin au Parlement de Tholoze,
& enuoyée par toute la Prouince pour
estre leuë & enregistrée, & le lendemain de la Toussaincts derniere, ledict
Parlement deputa Monsieur Favre
pour la porter aux habitans de Montauban, lequel auparauant que de s'y
transporter, passa par Castel-Sarrazin,
pour trouuer Monsieur le Mareschal
de Themines, afin de luy faire entendre sa legation, & s'il en trouuoit bon
la procedure : Donc ayant eu response

fauorable à fon deffein , il pourfuiuit
fon chemin vers Montauban, iufques
là qu'eftant pres de la ville , il enuoya
fçauoir aux habitans s'ils defiroient
d'entendre à fadite legatió, qui n'eftoit
autre, finon qu'il eftoit porteur de la
declaratió du Roy, laquelle contenoit
en mots exprés le bien & le repos vni-
uerfel de la France, & que le Parlement
l'auoit deputé pour leur faire affauoir
ce qui en eftoit : Ce qui ne fut à peine
propofé, qu'on le fit entrer dedans la
ville, & auffi toft fift-on lecture de ladite declaration, apres quoy il fut tenu
confeil, pour voir & iuger s'il eftoit à
propos pour leur intereft d'y acquief-
cer : en quoy le S. Efprit opera beau-
coup en peu d'heure, car tous d'vne
mefme voix trouuerét bon que ladite
declaration fut enregiftrée & publiée
par tous les coings & carrefours dela-
dite ville de Montauban , & que l'on

criaſt viue le Roy : ce qui fut fait ſur le champ ſans d'autre remiſe ; & en reſiouïſſance de ce, furét allumés des feux de ioye par toutes les ruës, & furent tirez douze ou quinze volées de canó, reïterant les cris d'allegreſſe, Viue le Roy : Ce qui fut le 2. du preſent mois de Nouembre 1622.

Le lendemain 3. Nouébre, deux Cóſuls de la ville, aſſiſtéz de 30. ou 40. des principaux habitans s'en allerent à CaſtelSarraſin trouuer Mr le Mareſchal de Themines, portant la voix de tout le corps, afin de faire les excuſes de leur rebellion au mieux qui leur fut poſſible : De ſorte que depuis ce temps, tous meſſagers & autres perſonnes ont eu la liberté d'aller & venir par les chemins de ce coſté là, meſmes dans ladite ville de Montauban, auec autant d'aſſeurance comme on auoit auparauant les troubles.

Pour ladite Reduction, ils enuoye-
rent aussi pardeuant ledit sieur Mareschal de Themines leur Sergét Major,
lequel outre la charge qu'auoient les-
dits Côsuls & habitans, il s'asseura par-
ticulierement de toute sorte d'obeïssance & de respect enuers sa majesté, &
luy fist offre des clefs de la ville, pour
venir quand il luy plairoit faire executer les articles de la paix, qui ne sont autres, à l'esgard de Montauban, que toutes les fortifications serót abbatuës, ne
deuant rester que les murailles & les
fossez. Pour asseurance dequoy, &
pendant qu'on y trauaillera, afin qu'il
ne s'y face aucune réuolte, comme il
arriue par fois parmy vne insoléte pó-
pulace, douze habitans des principaux
de la ville doiuent estre baillez en ho-
tage.

A ceste fin Monsieur le Duc d'Es-
pernon y doit arriuer en peu de iours,

ayant commandement expres de sa Majesté de faire executer de poinct en poinct le contenu aux articles accordez par sadite Majesté à tous ses subjets, faisant profession de la Religion pretenduë reformée.

Par ainsi, & puis que les cœurs de tant de rebelles endurcis dans vne ingrate opiniastreté, se sont amolis soubs le ioug des douces & benignes Loix de nostre Roy, il est à croire que les Rochelois se mettront bien tost en leur deuoir, & qu'ils recognoistront ingenuëmét en public & en particulier combien griefve est l'offence qui est cómise contre celuy qui nous est dóné de Dieu pour nous regir & gouuerner, & principalement contre son oingt, le fils aisné de son Eglise, à qui les Lys ont esté enuoyez du Ciel, pour seruir de miroir dedans ses armes de sa valeur & de sa douceur.

F I N.